Paramahansa Yogananda
(1893 – 1952)

Paramahansa Yogananda

MIKSI JUMALA SALLII PAHUUDEN

JA

MITEN PÄÄSTÄ PAHAN TUOLLE PUOLEN

TIETOA KIRJASTA: Tähän teokseen sisältyvät esitelmät Self-Realization Fellowship on aikaisemmin julkaissut neljännesvuosittain ilmestyvässä, Paramahansa Yoganandan vuonna 1925 aloittamassa lehdessä *Self-Realization*. Paramahansa Yogananda piti puheet perustamissaan Self-Realization Fellowshipin temppeleissä Hollywoodissa ja San Diegossa Kaliforniassa. Sri Daya Mata, Paramahansa Yoganandan yksi varhaisimmista ja läheisimmistä oppilaista, kirjoitti puheet muistiin pikakirjoituksella.

Englanninkielinen alkuteos: *Why God Permits Evil and How to Rise Above It*, julkaissut *Self-Realization Fellowship*, Los Angeles, Kalifornia

ISBN-13: 978-0-87612-461-1
ISBN-10: 0-87612-461-9

Suomentanut Self-Realization Fellowship
Copyright © 2014 Self-Realization Fellowship

Kaikki oikeudet pidätetään. Lukuun ottamatta lyhyitä kirja-arvioinneissa käytettäviä lainauksia mitään osaa kirjasta *Miksi Jumala sallii pahuuden ja miten päästä pahan tuolle puolen (Why God Permits Evil and How to Rise Above It)* ei saa jäljentää, varastoida, välittää tai esittää missään muodossa eikä millään nykyään tunnetulla tai myöhemmin käyttöön otetulla menetelmällä (sähköisesti, mekaanisesti tai muuten) – mukaan lukien valokopiointi, äänittäminen, tietojen tallennus- ja tulostusmenetelmät – ilman ennalta pyydettyä lupaa osoitteesta: Self-Realization Fellowship, 3880 San Rafael Avenue, Los Angeles, California 90065–3219, U.S.A.

 Self-Realization Fellowship -järjestön kansainvälisen julkaisuneuvoston hyväksymä

Self-Realization Fellowship -nimi ja yllä nähtävä tunnus esiintyvät kaikissa SRF-kirjoissa, äänitteissä ja muissa julkaisuissa varmistamassa, että ne ovat Paramahansa Yoganandan perustaman järjestön tuottamia ja seuraavat uskollisesti hänen opetuksiaan.

Ensimmäinen suomenkielinen *Self-Realization Fellowshipin*
tuottama painos 2014
First edition in Finnish from Self-Realization Fellowship, 2014

Tämä painatus: 2014
This printing: 2014

ISBN-13: 978-0-87612-474-1
ISBN-10: 0-87612-474-0

1747-J2814

Tässä maailmassa hyvän ja pahan tulee aina väistämättä täydentää toisiaan. Kaikessa luodussa on oltava epätäydellisyyden verhoa. Miten muuten Jumala, Ainoa Täydellisyys, voisi jakaa tietoisuutensa luomisen muodoiksi, jotka ovat erotettavissa Hänestä itsestään? Valon muodostamia kuvia ei voi havaita ilman varjoja. Ellei pahuutta olisi luotu, ihminen ei tuntisi sen vastakohtaa, hyvyyttä. Yön pimeys tuo esiin päivän kirkkauden; suru osoittaa meille, miten tavoittelemisen arvoista ilo on. Vaikka pahuuden on pakko ilmetä, voi sitä, jonka kautta se ilmenee. Hän, joka harhan viekoittelemana esittää konnan roolia, joutuu kärsimään konnan surullisen, karman määräämän kohtalon, kun taas sankari palkitaan hyveestään pyhällä lahjalla. Koska tiedämme tämän totuudeksi, meidän tulee kaihtaa pahuutta; hyväksi tulemalla nousemme lopulta Jumalan valtakunnan korkeuksiin – sekä pahan että hyvän tuolle puolen.

–Paramahansa Yogananda

SISÄLLYS

OSA I
Miksi pahuus kuuluu Jumalan luomakuntaan 1

OSA II
Miksi Jumala loi maailman 11

OSA III
Maailma kosmisena viihteenä 25

OSA IV
Jumalan absoluuttisen rakkauden löytäminen
luomisen mysteerihunnun takaa 43

Miksi Jumala sallii pahuuden

ja

Miten päästä pahan tuolle puolen

OSA I

MIKSI PAHUUS KUULUU JUMALAN LUOMAKUNTAAN

MIKÄ ON PAHUUDEN ALKUPERÄ?[1]

Jotkut sanovat, ettei Jumala tunnista pahaa, sillä he eivät osaa selittää, miksi hyvä Jumala sallisi ryöstöt, murhat, sairaudet, köyhyyden ja muut ihmiskuntaa heltymättä piinaavat kauheudet. Nämä onnettomuudet vaikuttavat meistä tietysti pahoilta, mutta ovatko ne pahuutta Jumalalle? Ja mikäli ovat, miksi Jumala sallii sellaisen? Ja ellei pahuus syntynyt Hänestä, joka on kaiken Ylimmäinen Luoja, mistä se sitten tuli? Kuka loi ahneuden? Kuka loi vihan? Kuka loi mustasukkaisuuden ja suuttumuksen? Kuka loi haitalliset bakteerit? Kuka loi seksuaaliset kiusaukset ja houkutuksen ahneuteen? Nämä eivät ole

---

[1] Otteita puheesta, joka pidettiin 17. marraskuuta 1946. Puhe on julkaistu kokonaisuudessaan teoksessa *The Divine Romance* (Paramahansa Yogananda: *Collected Talks and Essays*, Volume II), julkaisija Self-Realization Fellowship.

ihmisen keksintöjä. Ihminen ei olisi koskaan voinut kokea niitä, ellei joku olisi ensin luonut niitä.

Jotkut yrittävät selittää, ettei pahuutta ole oikeasti olemassa tai että se on pelkkä psykologinen tekijä. Asia ei kuitenkaan ole niin. Pahuuden olemassaolosta maan päällä on kiistattomia todisteita. Jos pahuutta ei ole, miksi Jeesus olisi rukoillut: "Äläkä saata meitä kiusaukseen, vaan päästä meidät pahasta"?[1] Jeesus sanoo tässä selvästi, että pahuutta on olemassa.

Totuus on, että maailmassa ilmenee pahuutta. Ja mistä se siis on peräisin? Jumalasta.[2] Pahuus luo sen taustan, jota vasten voimme tunnistaa ja kokea hyvyyden. Paha oli kaiken luomisen kannalta välttämättömyys. Jos kirjoittaa viestin valkoisella liidulla valkoiselle liitutaululle, kukaan ei pysty lukemaan sitä. Niinpä ilman pahuuden mustaa liitutaulua hyvyys ei erottuisi lainkaan. Voidaankin sanoa, että Juudas oli Jeesuksen tehokkain PR-henkilö. Juudaksen pahan teon seurauksena Kristus nousi

---

[1] Matt. 6:13.

[2] "Minä yksin olen Herra. Minä luon valon ja luon pimeyden. Minä luon rauhan ja luon pahan; minä, Herra, teen kaiken tämän." (Jes. 45:6–7. Jakeiden käännös perustuu Paramahansa Yoganandan käyttämään King James -raamatunkäännökseen ja poikkeaa suomalaisesta kirkkoraamatusta. *Suomentajan huomautus*)

iankaikkiseen maineeseen. Jeesus tiesi, minkälainen oli hänen osansa ja mitä tulisi tapahtumaan, jotta hän voisi osoittaa Jumalan rakkauden ja suuruuden; jonkun oli väistämättä oltava näytelmän konna. Juudaksen kannalta oli kuitenkin surkeaa, että hän päätti olla se, jonka teon kauheutta vasten Kristuksen voitto pahuudesta näyttäytyi kaikessa kunniassaan.

MISSÄ ON HYVÄN JA PAHAN VÄLINEN VEDENJAKAJA?

Hyvän ja pahan välistä vedenjakajaa on vaikea paikallistaa. On tietysti kauhistuttavaa, että bakteerit tappavat kaksi miljardia ihmistä vuosisadassa. Ajatelkaapa kuitenkin sitä kaaosta, joka syntyisi, ellei kuolemaa olisi! Ja jos kaikki täällä maan päällä olisi silkkaa täydellistä auvoa, kukaan ei lähtisi täältä sopuisasti: kukaan ei haluaisi palata Jumalan luo. Tässä mielessä kurjuus on ihmisen paras ystävä, sillä se saa hänet etsimään Jumalaa. Kun alkaa nähdä maailman epätäydellisyyden selkeästi, ryhtyy etsimään Jumalan täydellisyyttä. Totuus on, että Jumala ei käytä pahuutta tuhotakseen meidät. Hän tahtoo saada meidät avaamaan silmämme sille, että hänen luomansa lelut, maalliset leikkikalut, eivät ole todellisia, vaan meidän tulisi kääntyä Hänen puoleensa.

Tämän vuoksi Herra sallii epäoikeudenmukaisuuden ja pahuuden, mutta minä olen sanonut Hänelle: "Herrani, Sinä et ole milloinkaan kärsinyt. Olet aina ollut täydellinen. Mistä voit tietää, mitä kärsimys on? Sinä kuitenkin koettelet meitä, eikä se ole oikein. Me emme pyytäneet saada syntyä kärsiviksi kuolevaisiksi." (Hän ei pane pahakseen, vaikka väitän vastaan. Hän on äärimmäisen pitkämielinen.) Herra vastaa: "Sinun ei tarvitse kärsiä, sillä olen antanut jokaiselle vapaan tahdon valita hyvä pahan sijasta ja palata sitä kautta Minun luokseni."

Pahuus on siis Jumalan koe, jota Hän käyttää nähdäkseen valitsemmeko Hänet vai Hänen luomansa maalliset houkutukset. Hän loi meidät omaksi kuvakseen ja antoi meille vallan vapauttaa itsemme. Me vain emme käytä tuota valtaa.

KOSMINEN ELOKUVA

Hyvän ja pahan dualismia voi tarkastella myös toisesta näkökulmasta, jonka haluan selittää teille. Jos elokuvatuottaja tekisi filmejä ainoastaan enkeleistä ja esittäisi niitä teattereissa päivät pääksytysten, hän ajautuisi ennen pitkää konkurssiin. Hänen on siis tuotettava erilaisia elokuvia houkutellakseen monenlaista yleisöä. Konna saa sankarin näyttämään paljon paremmalta! Me katsojat pidämme toiminnantäyteisistä juonista. Vaarallisista tilanteista ja katastrofeista kertovat jännittävät elokuvat eivät piinaa meitä, sillä tiedämme niiden olevan kuvitteellisia. Muistan erään kerran, kun minut vietiin katsomaan filmiä, jossa sankari kuoli: voi mikä tragedia se olikaan! Niinpä jäin odottamaan seuraavaa näytöstä, ja kun sitten näin sankarin taas elossa, lähdin teatterista.

Jos voisitte nähdä, mitä tämän elämän valkokankaan takana on meneillään, ette kärsisi lainkaan. Siellä pyörii kosminen elokuva. Elokuvalla, jonka Jumala heijastaa tämän maailman valkokankaalle, ei ole minulle mitään arvoa. Katson Jumalan valonsädettä, joka heijastaa kohtauksia maallisen elämän kankaalle. Näen, että koko maailmankaikkeuden kuvat saavat alkunsa tästä valokeilasta.

Toisella kertaa katselin elokuvateatterissa jännittävää draamaa. Sitten satuin vilkaisemaan projektorihuoneeseen. Huomasin, ettei koneenkäyttäjä ollut lainkaan kiinnostunut filmistä, sillä hän oli nähnyt sen lukemattomia kertoja. Hän luki mieluummin kirjaa. Projektori teki omaa työtään: äänet kuuluivat kaiuttimista ja valokeila heijasti kankaalle realistisia kuvia. Yleisö oli draaman pauloissa. Tuumin itsekseni: "Herra, Sinä olet kuin tuo projektorihuoneessa istuva mies. Olet uppoutunut oman valtakuntasi autuuteen ja rakkauteen ja viisauteen. Sinun kosmisten lakien kojeesi heijastaa universumin valkokankaalle kohtauksia mustasukkaisuudesta, rakkaudesta, vihasta ja viisaudesta, mutta Sinä et sekaannu omiin näytelmiisi." Aikakaudet ja sivilisaatiot seuraavat toisiaan ja näkevät uudelleen ja uudelleen samat vanhat tarinat, joissa ainoastaan henkilöt vaihtuvat. Arvelenpa, että Jumala on hieman kyllääntynyt tuohon kaikkeen. Hän on pitkästynyt. On melkoinen ihme, ettei Hän vedä töpseliä seinästä ja lopeta koko esitystä!

Kun siirsin katseeni tapahtumia kankaalle heijastavasta valokeilasta yleisöön, huomasin, että se kävi läpi samoja tunnetiloja kuin elokuvan näyttelijät. Katsojat kärsivät sankarin kanssa ja reagoivat konnan kataluuteen. Elokuva oli yleisölle traaginen kokemus. Projektorin käyttäjälle se oli pelkkä elokuva. Sama pätee Jumalaan. Hän on luonut valojen ja varjojen näytelmät, sankarit ja konnat, hyvän ja pahan, ja me olemme sekä yleisö että näyttelijät.

Miksi pahuus kuuluu Jumalan luomakuntaan

Joudumme vaikeuksiin vain siksi, että olemme samastuneet liian voimakkaasti näytelmään. Kaikkien kuvien muodostamiseen tarvitaan yhtä lailla varjoja kuin valoakin. Pahuus on se varjo, joka muuntaa Jumalan valonsäteen kuviksi ja muodoiksi. Niinpä pahuus on Jumalan luoma varjo, joka mahdollistaa näytelmät. Pahan synkät varjot sekoittuvat Jumalan hyveiden puhtaan valkoiseen valonsäteeseen. Hän ei halua teidän ottavan näitä kuvia niin kovin vakavasti. Elokuvan ohjaaja näkee murhat ja kärsimyksen ja komedian ja draaman keinoina luoda yleisöä kiinnostavaa materiaalia. Hän pysyttelee näytelmän ylä- ja ulkopuolella, sillä hän ohjaa ja tarkkailee sitä. Jumala haluaisi meidänkin säilyttävän etäisyyttä näytelmään ja ymmärtävän, että me olemme ainoastaan hänen kosmisen elokuvansa näyttelijöitä tai katsojia.

Vaikka Jumalalla on kaikki, voimme silti sanoa Hänen janoavan jotakin: Hän haluaa nähdä, kuka säilyttää tyyneytensä Hänen näytelmäänsä katsoessaan; kuka näyttelee osansa hyvin ja palaa jälleen Hänen huomaansa. Tätä maailmankaikkeutta ei voi paeta, mutta jos näyttelet osasi keskittäen ajatuksesi Jumalaan, tulet olemaan vapaa.

JUMALAN OIVALTAJALLE EI OLE OLEMASSA PAHUUTTA

Tiedemiehet ja materiaan keskittyvät ihmiset eivät tule löytämään tietä suurimpaan onneen. Sen löytävät ne, jotka seuraavat näin opettavia mestareita: "Palaa Äärettömyyden projektorihuoneeseen, mistä näet kaikkien kosmisten elokuvien heijastuvan. Silloin Jumalan luomukset ja Hänen näytelmänsä eivät kiusaa sinua."

Olen kiinnostunut ihmisistä vain auttaakseni heitä. Ja niin kauan kuin henki virtaa keuhkoissani yritän auttaa toisia ja kerron heille, ettei kannata joutua elokuvan harhojen valtaan ja vangiksi. Kärsitte siksi, että olette parhaillaan mukana elokuvassa. Teidän pitää astua syrjään ja asettua tarkkailijan asemaan; silloin kärsimyksenne loppuu. Katsojina voitte nauttia näytelmästä. Se teidän tulee oppia. Jumalalle tämä kaikki on ainoastaan elokuvaa, ja kun te käännytte Hänen puoleensa, siitä tulee myös teille pelkkä elokuva.

Kerronpa teille pienen tarinan. Kuningas nukahti ja uneksi olevansa köyhä. Hän vaikeroi unissaan ja kerjäsi lanttia ruokaan. Lopulta kuningatar herätti hänet ja kysyi: "Mikä sinua vaivaa? Aarrekammiosi on täynnä kultaa, mutta sinä anelet lanttia."

Kuningas sanoi: "Voi minua hölmöläistä. Uneksin olevani kerjäläinen ja nääntyväni nälkään, koska minulla ei ollut edes yhtä kolikkoa."

Samanlaisten harhojen vallassa elää jokainen sielu, joka uneksii olevansa kuolevainen, alttiina kaikenmoisten sairauksien, kärsimysten, vaivojen ja sydänsurujen painajaismaisille vitsauksille. Ainoa tapa paeta tuota painajaista on siirtyä lähemmäs Jumalaa ja sanoutua irti tämän maailman unikuvista. Kärsit sen tähden, että kiinnität huomiosi vääriin asioihin. Jos luovutat sydämesi toiselle ihmiselle, alkoholille, ahneudelle tai huumeille, joudut kärsimään. Sydämesi särkyy. Siksi sinun tulee ojentaa sydämesi Jumalalle. Mitä tarmokkaammin etsit rauhaa Hänen luotaan, sitä tehokkaammin saavuttamasi rauha hukuttaa huolesi ja kärsimyksesi.

Kärsit, koska olet sallinut itsesi altistua maalliselle pahuudelle. Sinun pitää oppia olemaan hengellisesti luja, hengellisesti vahva. Tee kaikki, mitä sinun pitääkin, ja nauti tekemisestä, mutta ajattele itseksesi: "Herrani, minä olen Sinun lapsesi, Sinun kuvaksesi luotu. En halua mitään muuta kuin Sinut."

Miksi Jumala sallii pahuuden ja miten päästä pahan tuolle puolen

Tätä periaatetta noudattavalle ja sen totuuden oivaltavalle tässä maailmassa ei ole pahuutta.

"Jumalan suunnitelmassa ei ole lainkaan julmuutta, sillä Hänen silmissään mikään ei ole hyvää tai pahaa, vain valon ja varjojen muodostamia kuvia. Herran tarkoitus on, että me näkisimme elämän dualismin kuten Hän itse, Hän, joka on suunnattoman kosmisen näytelmän ikuisesti riemullinen Katsoja.

"Ihminen on samastanut itsensä väärin valhesieluun eli egoon. Kun hän siirtää identiteettinsä todelliseen olemukseensa, kuolemattomaan sieluunsa, hän tajuaa kaiken kärsimyksen olevan epätodellista. Hän ei sen jälkeen voi edes kuvitella kärsimyksen tilaa."

–Paramahansa Yogananda teoksessa
Paramahansa Yoganandan sanontoja

OSA II

MIKSI JUMALA LOI MAAILMAN[1]

Kun luet kiinnostavaa romaania, näet hyvän ja pahan välisen vastakkainasettelun ja sinusta tuntuu kamalalta, kun paha on voitolla. Jonkin luvun aikana sankari voi esimerkiksi käydä lähellä kuolemaa, mutta seuraavassa luvussa asiat järjestyvät ja sankari pelastuu. Sinun pitää ymmärtää, että jokainen elämä on Jumalan kirjoittama mestarillinen romaani. Sinun asiasi ei ole yrittää luodata sitä: se ei onnistu, koska käsityskykyäsi rajoittaa *maya* eli kosminen harha maailman todellisuudesta. Ensin on päästävä eroon tuosta harhasta ja tultava yhdeksi Jumalan kanssa; silloin vasta tajuat, miksi Hän loi tämän maailman.[2]

---

[1] Otteita puheesta, joka pidettiin 16. joulukuuta 1945. Puhe on julkaistu kokonaisuudessaan teoksessa *Journey to Self-realization* (Paramahansa Yogananda: *Collected Talks and Essays*, Volume III), julkaisija Self-Realization Fellowship.

[2] *Maya* on luomakunnan rakenteen sisäinen harhavoima, joka saa Ykseyden näyttäytymään moninaisuutena. *Maya* on suhteellisuuden, vastakohtien, käänteisyyden, dualismin ja vastakkaisten tilojen periaate; se on Vanhan testamentin profeettojen "Saatana" (kirjaimelliselta merkitykseltään heprean kielessä 'vastustaja'). Paramahansa Yogananda kirjoitti: "Sanskritin sana *maya* merkitsee 'mittaajaa'; se on luomakunnassa vaikuttava taikavoima, joka saa rajallisuuden ja erottelut ilmenemään

Meillä on kuitenkin oikeus kysyä Häneltä miksi. Ja siihen on lukemattomia ja taas lukemattomia vastauksia. Ensinnäkään asia ei voi olla niin, että tämä maailma olisi Hänelle välttämättömyys, sillä siinä tapauksessa Jumala olisi epätäydellinen; olisi siis pitänyt olla olemassa jotain, mitä Hän olisi saavuttanut luomalla maailman. Meillä on kuitenkin pyhimysten todistukset Hänen täydellisyydestään. Myös minä todistan omasta puolestani, sillä olen ollut Häneen yhteydessä. – –

TÄMÄ MAAILMA ON JUMALAN HARRASTUS

Koska Jumala on täydellinen, eikä tämä maailma ole Hänen evoluutionsa kannalta välttämätön, luomakunta on siis Jumalalle eräänlainen harrastus. Esimerkkinä voimme ajatella kahdentyyppisiä taiteilijoita: toinen tekee rahan vuoksi kaupallista taidetta; toinen luo pelkästään omaksi ilokseen harrastelijataidetta, jolla ei ole markkina-arvoa. Emme kuitenkaan voi ajatella Jumalaa kaupallisessa mielessä, sillä Hän ei

---

Mittaamattomassa ja Erottamattomassa. – – Jumalan suunnitelmassa ja näytelmässä (*lila*) Saatanan eli *mayan* ainoa tehtävä on yrittää suistaa ihminen Hengestä aineeseen, Todellisuudesta epätodellisuuteen. – – *Maya* on Luonnon ohikiitäväisyyden huntu, luomakunnan hellittämätön muutos; huntu, joka jokaisen ihmisen on nostettava nähdäkseen sen takana piilevän Luojan, pysyvän Muuttumattomuuden, ikuisen Todellisuuden."

Miksi Jumala loi maailman

saavuta mitään luomistaiteellaan. Samalla tavalla äveriäät hankkivat toisinaan kalliita erikoisharrastuksia vain siksi, että heillä on siihen varaa. Tapasin sellaisen miehen Cincinnatissa; hänen harrastuksensa oli valtava farmi. Kun olin siellä hänen vieraanaan, kysyin: "Sinun maatilasi ei siis kannata?" Hän vastasi: "Aivan oikein. Tämä kananmuna maksoi minulle 90 senttiä. Kaupasta saisin sellaisen muutamilla pennosilla."

Tämä maailma on siis Jumalan harrastus. Se ei kuitenkaan ole lainkaan hauskaa niiden kannalta, jotka kärsivät maan päällä. Sanon usein Herralle: "Jos halusit harrastuksen, miksi loit tuskan ja syövän ja hirvittävät tunteemme osaksi sitä?" Minä en tietenkään ole maan päällä määräilläkseni Herraa. Sen tiedän. Mutta kiistelen nöyrästi Hänen kanssaan.

Hän nauraa minulle ja toteaa: "Kaikki saavat tietää vastauksen näihin kysymyksiin viimeisessä luvussa."

No, minä tiedän vastauksen, mutta väittelen niiden puolesta, jotka eivät tiedä: "Sinulle, Herrani, kaikki tämä voi olla näytelmää, mutta niille, jotka eivät tiedä tämän olevan pelkkä näytelmä, se on kurjuutta ja kuolemaa. Pariskunta menee naimisiin luullen löytäneensä täydellisen rakkauden, mutta sitten toinen heistä kuolee – mikä tragedia! Tai joku on hankkinut paljon rahaa ja pitää itseään onnellisena, mutta sitten pörssikurssit romahtavat ja hän hyppää epätoivoissaan ikkunasta – kauhea kohtalo!

Sitten ovat vielä seksin, viinin ja rahan aistilliset ansat, jotka kiusaavat ihmistä sekä ulkoisesti että sisäisesti. Miten ihmisen pitäisi perustella kaikki tämä itselleen? Ja miksi on olemassa gangstereita, mielisairaita ja kaikkia kamalia tapahtumia, Herrani? Miksi on olemassa bakteereja, jotka tappavat joka vuosi lukemattomia ihmisiä? Jos noihin sairauksiin kuolleiden luut kerättäisiin yhteen, kasa olisi korkeampi kuin Himalaja, mutta kaikki tämä on Sinulle pelkkä harrastus, Jumalani. Entä sitten ne, jotka joutuvat harrastuksesi uhreiksi?"

Silloin Herra sanoo: "Olen tehnyt kaikki ihmiset omaksi kuvakseni. Jos tiedät olevasi osa Minua, voit elää tässä maailmassa ja nauttia siitä niin kuin Minä."

Se on lopullinen vastaus. Me emme näe tätä maailmaa niin kuin Jumala sen näkee.

NÄE VIISAUDEN JA TYYNEYDEN AVOIMILLA SILMILLÄ

Annan teille esimerkin siitä, millä tavalla asiat menivät vikaan luomisessa. Jos suljen äkkiä silmäni ja alan tanssia villisti unohtaen sekä kaiken ympärilläni että sokeuteni, te huudatte minulle: "Ole varovainen! Sinä kaadut tai törmäät johonkin!" Mutta minä väitän kivenkovaa: "Ehei, kyllä minä pärjään." Sitten kuitenkin kompastun, kaadun ja katkaisen jalkani. Itken ja

Miksi Jumala loi maailman

kyselen: "Miksi tämän piti sattua juuri minulle?" Te vastaatte: "No, miksi sinä sitten suljit silmäsi ja yritit tanssia pimeydessä?" Minä päivittelen: "Voi hyvä tavaton. Miksiköhän minä yritin tanssia silmät kiinni?"

Koska teidän silmänne ovat kiinni, ajattelette väistämättä, että maailma on kauhea paikka. Jos sen sijaan pidätte viisauden ja tyyneyden silmänne avoinna, tulette näkemään, että maailmassa on paljon ilahduttavia asioita – huomaatte ikään kuin katsovanne elokuvaa. – –

VOIMME VAPAASTI VALITA, SOTKEUDUMMEKO DRAAMAAN VAI NOUSEMMEKO SEN YLÄPUOLELLE

Voimme todeta, että Jumala ei luonut maailmaa ainoastaan harrastuksekseen vaan myös siksi, että Hän halusi luoda täydellisiä sieluja, jotka ylevöityisivät takaisin hänen luokseen. Hän lähetti sielut matkaan verhottuna kosmisen harhan – *mayan* – kaapuun mutta antoi niille vapaan tahdon. Se on Jumalan suurin lahja. Hän ei ole evännyt ihmiskunnalta vapaata tahtoa, jollainen Hänellä itselläänkin on. Hän on antanut ihmiselle vapauden valita täysin oman mielensä mukaan joko hyvä tai paha – tai jopa kieltää Jumala tyystin. Sekä hyvä että paha ovat olemassa, mutta kukaan ei pakota ihmistä pahuuteen, ellei hän itse päätä harjoittaa sitä; eikä kukaan voi pakottaa ihmistä hyvyyteen, ellei hän itse halua olla hyvä. Jumala loi meidät sellaisiksi, että meillä on kyky käyttää Häneltä saamiamme lahjoja, älyä ja vapaata tahtoa, joiden avulla voimme palata Hänen luokseen. Jumalalla on vakaa aikomus ottaa meidät takaisin luokseen, kun olemme valmiita siihen. Olemme kuin Raamatun tuhlaajapoikia, ja Jumala kutsuu meitä jatkuvasti palaamaan Kotiin.

Jokaisen ihmiselämän ihanteena tulisi olla pyrkimys hyvyyteen ja onnellisuuteen – ja Jumalan löytämiseen. Et tule milloinkaan olemaan onnellinen, ellet löydä Jumalaa. Siksi Jeesus sanoi: "Etsikää ennen kaikkea Jumalan valtakuntaa."[1] Se on meidän olemassaolomme tarkoitus: kilvoitella tullaksemme hyviksi ja täydellisiksi, ja käyttää vapaata tahtoamme valitaksemme hyvä pahan sijasta. Jumala on antanut meille jokaiselle vallan tuon valinnan tekemiseen. Mieli itsessään on kuin kuminauha. Mitä enemmän sitä kiskoo, sitä enemmän se venyy. Mielemme on niin joustava, että se ei koskaan mene rikki. Joka kerta, kun koet joutuvasi rajoituksien kahlitsemaksi, sulje silmäsi ja sano "Minä olen Äärettömyys", ja silloin huomaat, minkälaiset voimat ovat hallussasi.

---
[1] Matt. 6:33.

Miksi Jumala loi maailman

Aistinautintojen ja omaisuuden tuottama ilo ei voi koskaan vetää vertoja Jumalasta koetulle ilolle. Vaikka Hänellä oli kaikki ikuisuudesta ikuisuuteen, Hän alkoi aprikoida: "Olen kaikkivoipa ja itse Ilo, mutta täällä ei ole ketään iloitsemassa minusta. "Alkaessaan luoda Hän ajatteli: "Teen sieluja omaksi kuvakseni ja puen ne ihmishahmoiksi, joilla on vapaa tahto. Sitten näen, ryhtyvätkö he tavoittelemaan materiaalisia lahjojani ja lankeavat rahan, viinan ja seksin houkutuksiin, vai alkavatko he etsiä miljoonia ja taas miljoonia kertoja huumaavampaa iloa, jonka he löytävät Minun tietoisuudestani." Minulle antaa eniten tyydytystä se, että Jumala on äärimmäisen oikeudenmukainen ja reilu. Hän antoi ihmisille vapauden hyväksyä Hänen rakkautensa ja elää Hänen riemussaan, tai viskata ne syrjään ja elää harhojen vallassa, Hänestä tietämättömänä.

Vaikka kaikki luodut kuuluvat Jumalalle, yhtä asiaa Jumalalla ei ole – meidän rakkauttamme. Luodessaan meidät Hänellä siis oli kuin olikin jotain saavutettavaa: meidän rakkautemme. Me voimme kieltää Häneltä rakkautemme tai antaa sen Hänelle. Ja Hän odottaa vaikka iäisyyden, kunnes olemme valmiita lahjoittamaan rakkautemme Hänelle. Kun sen teemme, kun tuhlaajapoika palaa Kotiin, viisauden lihotettu vasikka teurastetaan ja ilo on ylimmillään.

Kun sielu palaa Jumalan luo, kaikki taivaan pyhimykset tosiaan riemuitsevat. Tässä piilee Jeesuksen kertoman tuhlaajapoika-vertauksen merkitys.

TARKKAILE ITSEÄSI ITSETUTKISKELUN PARVELTA

Elämään kuuluu paljon enemmän kuin luulette. Koska jo kaikki maailmallinen vaikuttaa niin todelliselta, kuinka paljon todellisempaa onkaan oikea Todellisuus, joka luo tämän epätodellisen todellisuuden! Epätosi todellisuus saa kuitenkin unohtamaan Toden. Jumala haluaa teidän muistavan, ettette panisi pahaksenne tätä maailmaa, jos kokisitte sen elokuvana. Vaikka kehonne hauraat luut katkeaisivat, te vain toteaisitte, että "Kas, katsokaapas noita murtuneita luita", ettekä tuntisi lainkaan tuskaa tai kärsimystä. Niin voi todeta, jos on tukevasti ankkuroitunut Jumalalliseen Tietoisuuteen. Voisitte laskea leikkiä omien tapojenne kustannuksella ja omat erityiset luonteenpiirteenne huvittaisivat teitä tavattomasti, sillä itsetutkiskelun parvelta voisitte seurata omaa esitystänne elämän elokuvassa. Minä teen jatkuvasti niin. Kun sisäistätte, että tämä maailma on Jumalan *lila* – Hänen näytelmänsä – teitä ei enää järkytä draamassa esiintyvän hyvän ja pahan vastakkaisuus.

Miksi Jumala loi maailman

Unessa voitte katsoa rikkaita ihmisiä, köyhiä ihmisiä, vahvoja, sairauksien kourissa vaikeroivia, kuolevia ja syntyviä. Herättyänne kuitenkin oivallatte, että kaikki oli pelkkää unta. Maailmankaikkeutemme on Jumalan unta. Ja kun kysyn Häneltä "Mikset uneksi vain kauniita unia? Miksi Sinun näytelmäsi täytyy olla painajaisten riivaama?" Hän vastaa: "Sinun pitää kyetä nauttimaan kosmisesta draamasta ja näkemään sekä painajaiset että kauniit kokemukset sellaisina kuin ne todella ovat – unia, vain unia. Jos näkisit ainoastaan kauniita unia, hukkuisit niiden kauneuteen, etkä haluaisi milloinkaan herätä." Siinä on vastaus. Sinun ei siis pidä pelästyä painajaisia vaan todeta: "Herra, tuo on vain ohikiitävä uni. Se ei ole todellinen." Ja kun hymyilet terveenä ja onnellisena, sano: "Herrani, tämä on kaunis uni, mutta Sinä saat tehdä elämäni unilla mitä mielit." Kun tautien, kärsimysten ja huolten painajaiset eivät enää kosketa sinua ja kun et ole enää kauniiden unien pauloissa, Jumala sanoo: "Herää oitis! Tule takaisin Kotiin."

EPÄTODELLISEN JA TODELLISEN EROTTAMINEN TOISISTAAN

Pikkupoikana näin unia, joissa tiikeri jahtasi minua. Huusin, että tiikeri on tarrannut jalastani.

Äiti tuli ravistamaan minut hereille ja sanoi: "Katsos nyt, kaikki on hyvin. Mitään tiikeriä ei ole olemassa. Jalkasi on kunnossa." Noiden lapsuuden aikaisten unien seurauksena Jumala lahjoitti minulle ensimmäisen upean kokemukseni: Nähdessäni tuota samaa unta viimeistä kertaa sanoin: "Tuo on vanha temppu. Tiikeri ei tavoittele jalkaani." Säpsähdin saman tien hereille. Uni katosi eikä koskaan palannut. Siitä hetkestä lähtien pyrin valppaasti erottamaan epätoden Todesta – jopa unissani.

Pyhimykset ovat niitä, jotka ovat puoliksi hereillä ja puoliksi unessa: he ovat yhtäällä hereillä Jumalassa ja toisaalla uneksivat inkarnaation unia. He pystyvät kuitenkin nopeasti heräämään tuosta unesta. Kun tunnen tuskaa tai kipua kehossani, keskitän katseeni ja mieleni *kutasthaan*, eli Kristus-tietoisuuden keskukseen, kulmakarvojen väliin; tuossa tuokiossa kipu katoaa ja hetken kuluttua en näe tai edes tunne koko ruumistani.[1]

---

[1] "Kristus-tietoisuus" on Jumalan itsestään heijastama tietoisuus, joka on läsnä kaikessa luodussa. Kristinuskon kirjoituksissa sitä kutsutaan "Jumalan ainoaksi pojaksi", Isä Jumalan ainoaksi puhtaaksi heijastumaksi luomakunnassa; hindulaisissa kirjoituksissa sen nimi on *Kutastha Chaitanya* tai *Tat*, se on kaikkialla luomakunnassa läsnä olevan Hengen kosminen äly. Se on universaali tietoisuus, yksyettä Jumalan kanssa, ja ilmenee Jeesuksena, Krishnana ja muina avataara-pyhimyksinä. Suuret pyhimykset ja joogit tuntevat sen *samadhi*-meditaation tilana, jossa

Miksi Jumala loi maailman

Muistakaa siis, että tämä maailma on Jumalan unta. Ja jos saavutamme yhteyden Häneen, voimme elää elämämme jumalallisen huumauksen vallassa, eikä mikään järkytä meitä. Voimme katsoa kosmista elokuvaa ikään kuin sitä esitettäisiin elokuvateatterissa, emmekä tunne enää tuskaa. Jumala loi meidät, jotta uneksisimme niin kuin Hän ja nauttisimme tästä unesta ja kaikista sen vastakkaisista voimista viihteenä, antamatta sen häiritä meitä, uppoutuen Hänen ikuiseen iloonsa.

"'Ettekö te tiedä, että olette Jumalan temppeli ja että Jumalan Henki asuu teissä?'[1] *Jos voitte selkeyttää ja laajentaa tajuntaanne meditaatiolla ja ottaa Jumalan vastaan tietoisuuteenne, vapaudutte sairauksien, rajoitusten ja kuoleman kahleista."*

–Paramahansa Yogananda teoksessa
The Divine Romance

---

heidän tietoisuutensa sulautuu yhteen luomakunnan jokaisen hiukkasen kanssa; silloin he kokevat koko universumin omaksi kehokseen.

[1] 1. Kor. 3:16.

Vastaus rukoukseen...

Eräänä päivänä menin elokuviin katsomaan uutiskatsausta Euroopan taistelukentiltä. Ensimmäistä maailmansotaa käytiin lännessä yhä. Uutiskatsaus näytti teurastuksen kaikessa kauheudessaan. Lähdin teatterista levottomin sydämin.

"Herra", rukoilin, "miksi Sinä sallit tuollaisen kärsimyksen?"

Suureksi yllätyksekseni sain välittömän vastauksen, näyn Euroopan todellisilta taistelutantereilta. Kuolleiden ja kuolevien täyttämät näkymät ylittivät julmuudessaan monin verroin uutisfilmin kuvat.

"Katso tarkkaan," lempeä Ääni sanoi sisälläni, "niin huomaat, että nämä Ranskassa nyt näyteltävät kohtaukset ovat vain valohämyn leikkiä. Ne ovat kosmista elokuvaa, yhtä todellista ja epätodellista kuin äsken näkemäsi uutiskatsaus – näytelmä näytelmässä."

Mutta sydämeni ei ollut vielä saanut lohtua. Jumalallinen Ääni jatkoi: "Luomakunta koostuu niin valosta kuin varjostakin, muutoin eivät kuvat ole mahdollisia. *Mayan* hyvän ja pahan täytyy olla voitolla vuorotellen. Jos ilo olisi loputonta tässä maailmassa, haluaisiko ihminen milloinkaan mitään muuta? Ilman kärsimystä hän tuskin muistaa hylänneensä ikuisen kotinsa. Kärsimys toimii muistuttajana ja viisaus näyttää pakotien. Kuoleman murhenäytelmä ei ole todellinen; ne, jotka vapisevat sen edessä, ovat kuin typerä näyttelijä, joka kuolee kauhusta tullessaan ammutuksi paukkupanoksella. Minun lapseni ovat valon lapsia. Eivät he loputtomiin näe harhauniaan."

Vaikka olin lukenut pyhien kirjoitusten kuvauksia *mayasta*, ne eivät olleet antaneet minulle sitä syvää näkemystä, jonka omakohtaiset näyt ja niitä seuranneet lohdutuksen sanat soivat. Kun ihminen viimein vakuuttuu siitä, että luomakunta on vain suunnaton elokuva ja että hänen oma todellisuutensa ei ole siinä vaan sen tuolla puolen, hänen arvonsa muuttuvat perusteellisesti.

–Paramahansa Yogananda,
Joogin omaelämäkerta

Miksi Jumala sallii pahuuden ja miten päästä pahan tuolle puolen

"Jooga on tiede, jonka avulla sielu alkaa hallita ruumiin ja mielen instrumentteja ja käyttää niitä Itse-oivalluksen saavuttamiseen: tietoisuus herää uudelleen tajuamaan transsendentin ja kuolemattoman olemuksensa, yksensä Hengen kanssa. Yksilöitynyt minuus on sielu, joka on laskeutunut universaalista Hengestä ja tullut tietoiseksi rajoituksistaan kehona ja aistivana olentona. – –

"Kun siirrät tietoisuuden, havaintojen ja tunteiden keskuksen ruumiista ja mielestä sieluun – todelliseen, kuolemattomaan ja transsendenttiin Itseesi – hallitset joogien tavoin elämää ja voitat kuoleman."

–Paramahansa Yogananda

OSA III

MAAILMA KOSMISENA VIIHTEENÄ[1]

MAAILMA ON JUMALAN JUMALALLINEN NÄYTELMÄ

Muinaisen Intian *rishit* tunkeutuivat Olemisen Alkuperäiseen Syyhyn ja julistivat, että Jumala on täydellinen, että Hän ei tarvitse mitään, sillä kaikki sisältyy Häneen Itseensä, ja että tämä maailma on Jumalan *lila* eli jumalallinen näytelmä. Vaikuttaa siltä, että Herra haluaa pienten lasten tavoin leikkiä, ja Hänen *lilansa* sisältää loputtoman määrän alituiseen muuttuvia luomuksia.

Tapasin järkeillä näin: Jumala on ääretön ja kaikkitietävä Autuus, mutta Hänen lisäkseen ei ollut ketään nauttimassa tuosta Autuudesta. Niinpä Hän

---

[1] Otteita puheesta, joka pidettiin 9. joulukuuta 1945. Puhe on julkaistu kokonaisuudessaan teoksessa *Journey to Self-realization* (Paramahansa Yogananda: *Collected Talks and Essays*, Volume III), julkaisija Self-Realization Fellowship.

lausui: "Minä luon maailmankaikkeuden ja jakaannun moniksi sieluiksi, jotka voivat leikkiä kanssani näytelmässä, jonka Minä olen luonut." Mittaavan taikavoiman eli *mayan* kautta Hänestä tuli kaksinainen: Henki ja Luonto, mies ja nainen, positiivinen ja negatiivinen.[1] Mutta vaikka Hän on luonut maailmankaikkeuden harhasta, Häntä Itseään se ei tietenkään harhauta. Hän tietää, että kaikki on ainoastaan Hänen yhden Kosmisen Tietoisuutensa monipuolista ilmentymää. Aisti- ja tunnekokemukset, sodan ja rauhan draamat, sairaus ja terveys, elämä ja kuolema – kaikki tapahtuu Jumalassa, joka on kaiken Uneksija-Luoja, mutta mikään ei vaikuta Häneen. Eräs osa Hänen Ääretöntä Olemustaan pysyy ikuisesti transsendenttina, värähtelevän dualismin tuolla puolen: siellä Jumala on passiivinen. Kun Hänen tietoisuutensa värähtelee ajatusten moninaisuudesta, Hänestä tulee välittömästi kaikkialla läsnä oleva ja kaikkivoipa äärellisen ja värähtelevän valtakunnan ääretön Luoja: tuossa valtakunnassa Hän on aktiivinen. Värähtelyt muodostavat objekteja ja olioita, jotka ovat keskenään vuorovaikutuksessa

---

[1] Mayasta, katso alaviitettä alkaen s. 11.

tilassa ja etenevässä ajassa – samalla tavoin ihmisen tajunnan värähtelyt luovat nukkuessa unia.

JOS PÄÄSEMME JUMALAN KANSSA YKSEYTEEN, KÄRSIMYKSEMME LOPPUU

Jumala loi unimaailmankaikkeutemme viihdyttääkseen sekä Itseään että meitä. Vastustan Jumalan *lilaa* ainoastaan yhdessä suhteessa: "Herra, miksi sallit kärsimyksen olla osa näytelmääsi?" Tuska on niin rumaa ja piinaavaa. Olemassaolo ei tuskaisena ole enää viihdyttävää vaan traagista. Tässä vaiheessa pyhimykset tarjoavat apua: he muistuttavat meitä siitä, että Jumala on kaikkivoipa ja että jos hankkiudumme Hänen yhteyteensä, Hänen teatterinsa näytelmät eivät enää aiheuta meille kipua. Me itse aiheutamme itsellemme tuskaa, jos rikomme jumalallisia lakeja, joiden varaan Hän on rakentanut koko maailmankaikkeuden. Meidän pelastuksemme on yhtyä Häneen. Ellemme käänny Jumalan puoleen ja opi, että maailma on vain kosmista viihdettä, kärsimyksemme on väistämätön. Vaikuttaa siltä, että kärsimys on välttämätöntä kurinpitoa, jonka avulla meitä muistutetaan etsimään yhteyttä Jumalaan.

Silloin voimme nauttia tästä fantastisesta näytelmästä samalla tavoin kuin Hän.

On ihmeellistä pohtia näitä ajatuksia syvällisesti. Uppoudun näiden ajatusvaltakuntien syvyyksiin säännöllisesti. Jopa nyt puhuessani teille näen nämä totuudet selkeästi. Olisi todella kauhistuttavaa, mikäli Kaikkivaltias Olento olisi paiskannut meidät tähän petolliseen maalliseen olemassaoloon ilman pakoreittiä tai kykyä oivaltaa sama, minkä Hän oivaltaa. Asia ei kuitenkaan ole näin. Pakotie on olemassa. Joka yö syvässä unessa unohdamme tiedostamattamme tämän maailman; sitä ei enää ole uneksijalle olemassa. Ja joka kerta syvässä meditatiivisessa tilassa vaivumme tietoiseen transsendenssiin, jolloin maailma lakkaa olemasta meditoijalle. Niinpä pyhimykset sanovatkin, että ainoastaan yhtymällä Jumalaan tajuamme, ettei tälle maailmalle tulisi antaa paljoa painoarvoa. – –

JOS KOKISIT KUOLEMATTOMUUTESI, ET PANISI PAHAKSESI TÄTÄ DRAAMAA

Voisimme todeta, ettei Jumalan olisi koskaan pitänyt luoda tätä maailmaa, joka on näin vaivojen raskauttama. Toisaalta pyhimykset sanovat, että jos

Maailma kosmisena viihteenä

tietäisimme olevamme jumalia,[1] emme panisi asiaa pahaksemme. Kaikkihan katsovat mieluummin jännittäviä kuin tylsiä elokuvia, vai kuinka? Samalla tavalla teidän pitäisi nauttia tästä maailmasta. Katsokaa maailmaa kuin elokuvaa, niin tiedätte, miksi Jumala loi sen. Meidän ongelmamme piilee siinä, että unohdamme tarkastella maailmaa Jumalan viihteenä.

Pyhissä kirjoituksissa kerrotaan Jumalan sanoneen, että Hän on luonut meidät omaksi kuvakseen. Siinä mielessä me tosiaan voisimme katsella maailmassa ilmenevää draamaa elokuvana aivan kuten Hän; ei tarvitse kuin tajuta, miten täydellisiä sielumme ovat ja oivaltaa yhteytemme Jumalalliseen. Silloin kammottavat taudit, köyhyys ja atomipommit vaikuttavat meistä ainoastaan yhtä todellisilta kuin elokuvateatterissa näkemämme kummallisuudet. Elokuvan loputtua tiedämme, että kukaan ei kuollut eikä kärsinyt oikeasti. Itse asiassa tuo totuus on ainoa mahdollinen vastaus, kun pohdin elämän draamaa. Se ei ole mitään muuta kuin sähköinen varjonäytelmä, valon ja varjojen leikkiä. Kaikki on Jumalan tietoisuuden värähtelyä, joka tiivistyy

---
[1] "Eikö teidän laissanne sanota: 'Minä sanoin: te olette jumalia.'?" (Joh. 10:34.)

elektromagneettisiksi kuviksi. Noiden kuvien sisintä olemusta ei voi pilkkoa miekalla, ei polttaa eikä hukuttaa, eivätkä ne voi kärsiä minkäänlaista tuskaa. Sisin olemus ei synny eikä myöskään kuole. Se käy ainoastaan läpi muutamia muutoksia.[1] Jos voisimme silmäillä maailmaa Jumalan ja pyhimysten tavoin, vapautuisimme uniemme näennäistodellisuudesta. – –

HERÄÄ KOSMISESTA UNESTA

Miettikää tilannetta, jolloin olette puoliksi hereillä mutta tiedätte uneksivanne; voitte edelleen nähdä unta mutta tarkastelette sitä ulkopuolisena: juuri sillä tavalla Jumala näkee tämän maailmankaikkeuden. Yhtäältä Hän on hereillä alati uudistuvassa Autuudessa; toisaalta Hän uneksii universumimme. Samalla tavoin teidän tulisi katsella tätä maailmaa. Silloin käsittäisitte, miksi Hän loi sen, ettekä

---

[1] "Tämä Itse ei milloinkaan synny eikä katoa: tultuaan olevaksi se ei koskaan lakkaa olemasta. Se on syntymätön, ikuinen, muuttumaton, ikuisesti sama (ajan kulumiseen yleisesti liitetyt prosessit eivät vaikuta siihen). Se ei kuole samalla kuin ruumis. – –
"Mikään ase ei voi lävistää sielua, mikään tuli ei voi sitä polttaa, mikään määrä vettä ei voi sitä kastella eikä mikään tuuli kuihduttaa. Sielu on haavoittumaton: sitä ei voi polttaa, kastella eikä näivettää. Sielu on jakamaton, kaiken läpäisevä, iäisesti tyyni ja liikkumaton – iankaikkisesti sama." (*God Talks With Arjuna: The Bhagavad Gita* II:20, 23–24.)

Maailma kosmisena viihteenä

olettaisi unen tapahtumien koskettavan sieluanne. Jos näette painajaista, tiedätte sen olevan vain pahaa unta. Jos pystytte elämään maailmassa tiedostaen saman, kärsimyksenne loppuvat. Tämä on mahdollista *kriya*-joogan avulla; saavutatte tavoitteenne noudattamalla uskollisesti *Self-Realization Fellowshipin opetuskirjeiden* ohjeita.[1] Teidän tulee keskittyä näihin opetuksiin, ei minun eikä kenenkään muunkaan ulkoiseen persoonaan. Pelkkä näiden totuuksien lukeminen ei riitä: niitä pitää myös harjoittaa. Niiden lukeminen ei tuo viisautta; niiden oivaltaminen tuo.

Siksi minä en lue paljon. Pidän mieleni aina keskittyneenä Kristus-tietoisuuden keskukseen (*kutashtaan*). Miten erilaiselta maailma näyttääkään kaikkialla läsnä olevassa Kosmisen Älyn valossa! Toisinaan näen kaiken sähköisinä kuvina, joiden objekteilla ei ole painoa eikä massaa. Tieteen ihmeistä lukeminen ei tee kenestäkään viisasta, sillä on olemassa niin paljon muutakin tiedettävää. Lukekaa sen sijaan elämän kirjasta, joka

---

[1] *Kriya*-jooga on pyhää hengellistä tiedettä, joka kehitettiin Intiassa tuhansia vuosia sitten. Siihen kuuluu tiettyjä meditaatiotekniikoita, joiden tinkimätön harjoittaminen johtaa Jumalan oivaltamiseen ja joita opetetaan *Self-Realization Fellowshipin opetuskirjeissä*.

Self-Realization Fellowship tarkoittaa kirjaimellisesti 'Itse-oivalluksen yhteisö'. Paramahansa Yogananda on selittänyt, että Self-Realization Fellowship -nimi merkitsee yhteyttä Jumalan kanssa Itse-oivalluksen avulla ja ystävyyttä kaikkien totuutta etsivien sielujen kanssa.

on kätketty sisimpäänne, kaikkitietävään sieluun, aivan suljettujen silmien pimeyden taakse. Löytäkää Todellisuuden rajaton valtakunta. Suhtautukaa tähän maailmaan unena, niin ymmärrätte, että voitte aivan hyvin levätä maanpäällisellä vuoteellanne ja uneksia elämän unta. Ette enää pane sitä pahaksenne, koska tiedätte uneksuvanne.

Lännen uskonnolliset opettajat saarnaavat vauraudesta, onnellisuudesta, terveydestä ja kuolemanjälkeisen elämän lupauksesta, mutta he eivät kerro, miten kokea Jumalallinen Autuus ja päästä kärsimyksistä tässä ja nyt. Tässä kohtaa Intian suurten *rishien* opetukset uppoutuvat paljon syvemmälle. Länsimaalaiset ovat syyttäneet mestareita kielteisen elämänfilosofian levittämisestä, jonka mukaan ei ole väliä, kärsitkö tai oletko onnellinen vai onneton, sillä maailma tulee kieltää. Todellisuudessa Intian mestarit kysyvät päinvastoin: "Mitä teet kohdatessasi tuskaa ja surua? Aiotko itkeä avuttomana vai aiotko harjoittaa tekniikoita, jotka tarjoavat mielentyyneyttä ja kohottavat sinut vaivojen yläpuolelle, samalla kun hoidat sairautta?" He kehottavat käyttämään terveen järjen sanelemia parannuskeinoja sekä tuntemusten kontrollointia, jotta sairauden iskiessä ja tuskan kynsissä ette vaipuisi epätoivoon. Toisin sanoen he painottavat

Maailma kosmisena viihteenä

sitä, miten tärkeää on nousta kosketuksiin puhtaan sielullisen ilon kanssa, jota elämän kauniiden unien oikukkaat puuskat eivätkä painajaisten myrkylliset myrskyt pysty tahraamaan. Ne, jotka tapojensa orjina takertuvat materiaaliseen tietoisuuteen, eivät halua yrittääkään tavoitella tuota haavoittumattomuuden tilaa. Kun kärsimys iskee, he eivät opi virheistään ja ovat siten tuomittuja toistamaan ne. – –

Ei siis kannata kiinnittää liikaa huomiota elämän ohilipuviin näytöksiin. Sinä olet kuolematon Itse ja elät ainoastaan väliaikaisesti unessa, joka toisinaan muuttuu painajaiseksi. Näin sanoo Intian mestarien korkeampi filosofia.

KÄRSIMYS JOHTUU TUNNEHERKKYYDESTÄ

Teidän ei pitäisi olla aivan niin herkkiä. Kaikkinaisen kärsimyksen taustalla piilevä syy on tunneherkkyys. On järjetöntä yrittää antaa luomakunnalle lisää todellisuutta kokemalla sen tapahtumat hyvin tunnepitoisesti. Onnellisuutenne on jatkuvasti uhanalaisena, jos ette meditoi hiljaa paikoillanne ja yritä oivaltaa sielunne todellista luonnetta vaan ajelehditte luomakunnan ikuisesti liikkuvan virran mukana.

Miksi Jumala sallii pahuuden ja miten päästä pahan tuolle puolen

Jonain päivänä voi käydä niin, että sairastutte vakavasti, ja vaikka haluaisitte kävellä tai tehdä edelleen muita samoja asioita kuin nuorempana tai terveempänä, ette enää pysty siihen: petytte julmasti. Ennen kuin tuo päivä koittaa, teidän tulee vapauttaa itsenne niin, että voitte tarkastella kehoanne takertumatta siihen ja pitäen siitä huolta ikään kuin ulkopuolisena.

Eräällä oppilaallani oli hyvin tuskallinen sairaus polvessaan, jonka luut rappeutuivat. En tiedä, kuinka monta kertaa jalka leikattiin ja koottiin uudestaan. Oppilaani piti asiaa kuitenkin aivan vähäpätöisenä. "Se on pieni leikkaus", hänellä oli tapana todeta huolettomasti. Juuri tällä tavalla pitää suhtautua elämään. Teidän tulee siis kehittää mielenlujuuttanne.

Vaikka teillä ei olisikaan tilaisuutta meditoida pitkään tai syvällisesti, ajatelkaa aina tekevänne työtä Jumalalle. Kun mielenne pysyy ankkuroituneena Häneen, ette enää koe tuskaa, sillä mikään tauti tai sairaus ei pysty koskettamaan teidän sisintänne. Kun kehoni aiheuttaa minulle toisinaan ongelmia, käännän katseeni sisäänpäin ja kaikki katoaa Jumalan valoon. Samalla tavoin kuin elokuvissa näette valkokankaalla liikkuvia kuvia ja nautitte hyvän ja pahan välisistä konflikteista ja iloisten ja surullisten kohtausten vuorottelusta, myös maailma

Maailma kosmisena viihteenä

voi tarjota teille viihdettä. Te sanotte: "Herra, mitä ikinä teetkin, se on oikein." Mutta ennen kuin todella oivallatte, että tämä kaikki on vain unta, ette ymmärrä, miksi Jumala loi maailman.

OLE KUIN AKTIIVIS-PASSIIVINEN HERRA

Luulenpa, että luomalla maailmankaikkeuden Jumala halusi Itselleen puuhaa. Olkoon tämä kannustimena hengellisyyteen pyrkiville. Monet kuvittelevat, että Jumalan löytääkseen ja päästäkseen vapaaksi tästä unesta heidän pitää hylätä velvollisuutensa ja hakeutua yksinäisyyteen Himalajalle tai vastaavaan eristettyyn paikkaan, mutta asia ei ole niin yksinkertainen. Mieli askartelee silti edelleen levottomuuden ja mielialojen vaihtelun armoilla, ja ihmisen pitää olla fyysisesti hyvin aktiivinen pysyäkseen lämpimänä ja tyydyttääkseen nälän ja muut tarpeet. On helpompaa löytää Jumala sivilisaation viidakossa, jos tasapainottaa elämänsä meditaation ja rakentavan, velvollisuudentuntoisen työn kesken. Teidän tulee olla kuin aktiivis-passiivinen Herra. Luodessaan Hän on riemukkaan kiireinen; luomakunnan tuolla puolen Hän on riemukkaan seesteinen jumalallisessa autuudessaan. Koska ponnistelin löytääkseni Jumalan meditaation avulla, pystyn nyt nauttimaan Hänen autuudestaan jopa aktiviteettien aikana. Niinpä aktiivisuus ei haittaa minua millään lailla. Vaikka voinkin sanoa, etten pidä tästä tai tuosta minua ympäröivissä kaksinaisuuksissa, olen silti sisäisesti tyyni ja teräksenkaltainen: "Tyynesti aktiivinen ja aktiivisesti tyyni; rauhan ruhtinas, joka istuu mielenrauhan valtaistuimella ohjaten toiminnan kuningaskuntaa."

Vaikuttaisi siltä, että Jumala loi täydellisyydestä epätäydellisiä olentoja. Mutta totta puhuen epätäydelliset olennot ovat täydellisiä – Jumalan kuvaksi tehtyjä sieluja. Jumala haluaa sinun vain erottavan uneksimasi epätäydellisyydet täydellisestä Itsestäsi. Kun ajattelet kuolevaista elämääsi ja kaikkia vaivojasi ja samastut niihin, teet vääryyttä Jumalan kuvalle itsessäsi. Hyväksy ja oivalla tämä totuus: "En ole kuolevainen olento; olen Henki."

JUMALA MAANITTELEE MEITÄ TAKAISIN LUOKSEEN NIIN PAHAN KUIN HYVÄNKIN KAUTTA

Jumala pyrkii ainiaan vetämään lapsiaan takaisin synnynnäiseen täydellisyyteen. Siksi voimme havaita jopa pahoissa ihmisissä Jumalaa etsivän juonteen,

Maailma kosmisena viihteenä

vaikka se ei ehkä piirrykään esiin kovin selvästi. Onko mahdollista löytää paha ihminen, joka pyrkii teoillaan vajoamaan kurjuuteen? Ei. Hän kuvittelee teoistaan koituvan hyvää hänelle itselleen. Alkoholia tai huumeita käyttävä luulee saavansa aineista nautintoa. Kaikkialla näkee ihmisiä, sekä hyviä että pahoja, jotka etsivät onnea omalla tavallaan. Kukaan ei halua vahingoittaa itseään. Miksi ihmiset sitten tekevät pahoja asioita, jotka aiheuttavat surua ja tuskaa? Sellaiset teot ovat seurausta kaikkein suurimmasta synnistä – tietämättömyydestä. "Väärintekijä" onkin täsmällisempi sana kuin "syntinen". Voitte tuomita väärän teon, mutta teidän ei pidä tuomita tekijää. Synnit ovat virheitä, jotka tehdään tietämättömyyden eli harhan vallassa. Vain ymmärryksen eri asteista johtuen te itse voisitte olla samassa veneessä. Jeesus sanoi: "Se teistä, joka ei ole tehnyt syntiä, heittäköön ensimmäisen kiven."[1]

Asian ydin on, että kaikkien tekojemme motiivi on onnellisuuden saavuttaminen. Kukaan ei voi rehellisesti väittää olevansa materialisti, sillä kaikki onnea tavoittelevat etsivät todellisuudessa Jumalaa. Juuri onnen tavoittelumme avulla Jumala

---

[1] Joh. 8:7.

maanittelee meitä takaisin luokseen niin pahan kuin hyvänkin kautta. Pahuuden aiheuttama suru kääntää lopulta harhautuneet hyveellisyyden ilojen puoleen. Koska elämä on jo sisäsyntyisesti hyvän ja pahan ja kauniiden unien ja painajaisten sekoitus, meidän pitäisi pyrkiä vapauteen ja auttaa kauniiden unien luomisessa eikä takertua kauhistuttaviin painajaisiin.

JUMALAN TUNTEMINEN ON TODELLISTA VIISAUTTA

Useimpien ihmisten reaktio elämäntapahtumiin on joko sanoa "Ylistäkää Herraa" tai sitten kehottaa meitä pelkäämään Häntä; jotkut myös syyttävät ja kiroavat Häntä. Mielestäni tuollaiset reaktiot ovat varsin järjettömiä. Mitä sellaista ihminen voi sanoa, joka ylistäisi Häntä? Häntä ei liikuta meidän ylistyksemme eikä imartelumme, sillä Hänellä on kaikki. Suuren osan rukouksista esittävät pulassa olevat; toiset puolestaan julistavat "Ylistäkää Herraa", koska toivovat saavansa siten jonkin palveluksen. Voitte kirota tai ylistää Herraa, mutta Häneen sillä ei ole mitään vaikutusta. Sen sijaan se vaikuttaa teihin itseenne. Jos ylistätte Häntä – tai mikä vielä parempaa, *rakastatte* Häntä – niin teistä tuntuu

Maailma kosmisena viihteenä

paremmalta. Jos sen sijaan kiroatte Hänet, teihin itseenne koskee. Kun käännytte Jumalaa vastaan, käännytte omaa todellista luontoanne vastaan, sitä jumalallista kuvaa vastaan, joksi Herra teidät loi. Kun asetutte tuota luontoa vastaan, tulette automaattisesti rankaisseeksi itseänne.

Lapsuudestani lähtien kapinoin ensin elämää vastaan, koska näin ympärilläni niin paljon epäoikeudenmukaisuutta. Mutta nykyään ainoa asia, jota vastaan kapinoin, on se, että ihmiset eivät tunne Jumalaa. Suurin synti on tietämättömyys – se, ettei tiedä, mistä elämässä on kysymys. Ja suurin hyve on viisaus – elämän merkityksen ja tarkoituksen ja sen Luojan tunteminen. Sen tietäminen, ettemme ole vähäisiä ihmisolentoja vaan yhtä Hänen kanssaan, on viisautta.

Joka yö unessa Jumala poistaa kaikki murheemme osoittaakseen, ettemme ole kuolevaisia olentoja vaan Henkeä. Jumala haluaa meidän muistavan tuon totuuden myös tietoisessa tilassa, jotta elämän vastoinkäymiset eivät meitä lannistaisi. Jos voimme aivan mainiosti jatkaa olemassaoloamme keskellä yötä syvässä unessa ajattelematta tätä maailmaa ja sen vaikeuksia, voimme aivan hyvin olla olemassa myös Jumalan aktiivisessa maailmassa takertumatta liiaksi unen tapahtumiin. Vaikka unimaailmankaikkeudet ajelehtivat Jumalan tietoisuudessa, Hän on alituiseen hereillä ja tietää uneksivansa. Hän ilmoittaa meille: "Älkää joutuko paniikkiin tämän päiväunen aikana, vaan kääntykää Minun puoleeni, sillä Minä olen unen takana oleva Todellisuus." Hymyilkää, kun kohtaatte unessa terveyttä ja iloa. Kun näette sairauden ja surun painajaisia, sanokaa itseksenne: "Olen hereillä Jumalassa ja katselen elämäni näytelmää." Silloin oivallatte, että Jumala on luonut tämän universumin viihteeksi Itselleen. Ja koska teidät on luotu Hänen kuvakseen, teillä ei ole ainoastaan oikeus vaan myös kyky nauttia tästä näytelmästä vaihtelevine unineen aivan samalla tavalla kuin Hän. – –

Sivuuttakaa tämä tautien ja terveyden ja ilon ja surun kangastus. Nouskaa sen yläpuolelle. Tulkaa Itseksenne. Katselkaa maailmankaikkeuden esitystä mutta älkää joutuko sen pauloihin. Monesti olen nähnyt ruumiini erkanevan tästä maailmasta. Nauran kuolemalle. Olen valmis milloin hyvänsä. Se on aivan yksinkertaista. Ikuinen elämä on minun. Minä olen tietoisuuden valtameri. Joskus muutun pieneksi aalloksi, joka on kehoni, mutta en ole koskaan pelkkä aalto vailla Jumalan valtamerta.

Maailma kosmisena viihteenä

Pimeys ja kuolema eivät voi valaa pelkoa meihin, sillä me olemme se Tietoisuus, josta Jumala on luonut maailmankaikkeuden.

Bhagavadgitassa Herra on sanonut:

Hän joka tajuaa, että Minä olen niin Syntymätön ja Aluton kuin Luomakunnan Yksinvaltiaskin – hän on kukistanut harhan ja saavuttanut synnittömän tilan, vaikka sitten asustaisi kuolevaisessa ruumiissaan. – –
Minä olen kaiken Lähde; kaikki luotu kumpuaa Minusta. Tämän oivallettuaan viisaat joutuvat ihmetyksen valtaan ja palvovat Minua. Heidän ajatuksensa kääntyvät Minun puoleeni ja olemuksensa antautuvat Minulle, he valistavat toisiaan ja julistavat sanomaani alituiseen. Minun seuraajani ovat iloisia ja tyytyväisiä. – –
Silkasta myötätunnosta Minä, Jumalallinen Henki, sytytän heidän sisäänsä viisauden loistavan valon, joka karkottaa tietämättömyydestä syntyvän pimeyden.

–Bhagavadgita X:3, 8-9, 11.

OSA IV

JUMALAN ABSOLUUTTISEN RAKKAUDEN LÖYTÄMINEN LUOMISEN MYSTEERIHUNNUN TAKAA[1]

Yksikään ihminen tai profeetta ei pysty milloinkaan pyyhkimään pois kaikkia maan päällä vallitsevia epäoikeudenmukaisuuksia ja eriäväisyyksiä. Mutta kun löydätte itsenne Jumalan tietoisuudesta, kaikki nuo erot katoavat ja sanotte:

> On elämä suloista ja kuolo vain uni,
> kun laulusi lävitseni virtaa.
> On ilo auvoa ja suru vain uni,
> kun laulusi lävitseni virtaa.
> Suloista on terveys, sairaus vain uni,
> kun laulusi lävitseni virtaa.
> On ylistys iloa ja moite vain uni,

---

[1] Valikoituja katkelmia Paramahansa Yoganandan luennoista.

kun laulusi lävitseni virtaa.[1]

Tämä on korkeinta filosofiaa. Älä pelkää mitään. Vaikka heittelehdit myrskyn armoilla, olet edelleen valtameren syleilyssä. Tiedosta aina, että Jumala on läsnä kaikkialla. Säilytä mielesi tyyneys ja sano: "Olen peloton, minut on tehty Jumalan olemuksesta. Olen kipinä Hengen Tulesta. Olen Kosmisen Liekin atomi. Olen solu Isän universaalissa kehossa. 'Minä ja Isäni olemme Yhtä.'"

Käyttäkää sielunne kaikki voimat löytääksenne Jumala. – – Harhan savuverho on tullut meidän ja Hänen väliinsä, ja Hän on pahoillaan, että olemme menettäneet näköyhteyden Häneen. Hän ei ole onnellinen nähdessään lastensa kärsivän niin kovasti – kuolevan putoaviin pommeihin, kauheisiin tauteihin ja vääriin elintapoihin. Häntä surettaa se, koska Hän rakastaa meitä ja haluaa meidät takaisin huomaansa. Jospa vain yrittäisitte meditoida iltaisin päästäksenne takaisin Hänen luokseen! Hän ajattelee teitä

---

[1] Säkeitä laulusta, joka sisältyy Paramahansa Yoganandan *Cosmic Chants* -kokoelmaan (julkaisija Self-Realization Fellowship).

Jumalan absoluuttisen rakkauden löytäminen – –

niin paljon. Teitä ei ole hylätty. Te itse olette hylänneet todellisen Itsenne. – – Jumala ei milloinkaan suhtaudu teihin välinpitämättömästi. – – Luomakunnan ainoa tarkoitus on taivutella meidät ratkaisemaan sen mysteeri ja tajuamaan Jumala kaiken takana. Hän haluaa teidän unohtavan kaiken muun ja etsivän vain Häntä. Kun olette löytäneet turvapaikan Herrassa, ette enää suhtaudu elämään ja kuolemaan realiteetteina. Näette kaiken kaksinaisuuden unen kaltaisena: näette, miten kaikki vaihtelee Jumalan ikuisessa olemassaolossa. Älkää unohtako tätä saarnaa, tätä opetusta. Hän puhuu teille minun ääneni kautta. Älkää unohtako! Hän sanoo:

"Olen yhtä avuton kuin tekin, sillä Minä olen teidän sielunanne sidottu ruumiiseenne kanssanne. Ellette vapauta todellista Itseänne, olen vankina teidän kanssanne. Älkää siis enää vitkastelko ja ryömikö kärsimyksen ja tietämättömyyden mudassa. Tulkaa ja kylpekää Minun valossani!"

Herra haluaa meidän pelastuvan tästä näennäisestä maailmasta. Hän itkee meidän puolestamme, sillä Hän tietää, miten vaikeaa meidän on saada vapahdus Häneltä. Teidän ei kuitenkaan tarvitse muistaa muuta kuin että olette Hänen lapsiaan. Älkää säälitelkö itseänne. Jumala rakastaa teitä yhtä paljon kuin Jeesusta ja Krishnaa. Teidän tulee etsiä Hänen rakkauttaan, sillä siihen sisältyy ikuinen vapaus, loputon riemu sekä kuolemattomuus.

Aivan tämän maailman varjojen alla on Jumalan ihmeellinen Valo. Universumi on Hänen läsnäolonsa valtaisa temppeli. Meditoidessanne löydätte kaikkialta ovia, jotka aukeavat Hänen luokseen. Kun olette yhteydessä Häneen, mitkään maailman kauhistukset eivät voi riistää teiltä tuota Riemua ja Rauhaa.

KIRJOITTAJASTA

Paramahansa Yoganandaa (1893–1952) pidetään laajalti oman aikamme yhtenä suurimmista hengellisistä hahmoista. Hän oli syntynyt Pohjois-Intiassa ja saapui vuonna 1920 Yhdysvaltoihin, jossa opetti yli kolmenkymmenen vuoden ajan Intian ikivanhaa meditaation tiedettä ja tasapainoista hengellistä elämää. Tunnustusta saaneessa elämäkerrassaan, *Autobiography of a Yogi (Joogin omaelämäkerta)*, sekä monissa muissa kirjoissaan Paramahansa Yogananda on tutustuttanut miljoonat lukijat idän ikuiseen viisauteen. Hänen läheisimpiin oppilaisiinsa lukeutuvan Sri Mrinalini Matan ohjauksessa hänen hengellinen ja humanitaarinen työnsä jatkuu kansainvälisessä Sel-Realization Fellowship -järjestössä, jonka hän perusti 1920 levittämään opetuksiaan maailmanlaajuisesti.

SELF-REALIZATION FELLOWSHIPIN JULKAISUJA

Saatavana kirjakaupoista tai suoraan kustantajalta:

Self-Realization Fellowship
3880 San Rafael Avenue • Los Angeles,
California 90065-3219, U.S.A.
Puh +1 323 225-2471 • Fax +1 323 225-5088
www.yogananda-srf.org

Paramahansa Yoganandan suomeksi käännettyjä kirjoja

Joogin omaelämäkerta

Kuinka voit puhua Jumalan kanssa

Metafyysisiä meditaatioita

Miksi Jumala sallii pahuuden ja miten päästä pahan tuolle puolen

Onnistumisen laki

Paramahansa Yoganandan sanontoja

Peloton elämä

Sielun pyhäkössä

Sisäinen rauha

Vahvistavien parannuslauseiden tiede

Paramahansa Yoganandan englanninkielisiä kirjoja

Autobiography of a Yogi

The Second Coming of Christ:
The Resurrection of the Christ Within You
Inspiroitu kommentaari Jeesuksen alkuperäisistä opetuksista.

God Talks with Arjuna; The Bhagavad Gita
Uusi käännös ja kommentaari.

Man's Eternal Quest
Paramahansa Yoganandan koottujen luentojen ja puheiden ensimmäinen osa.

The Divine Romance
Paramahansa Yoganandan koottujen luentojen, puheiden ja esseiden toinen osa.

Journey to Self-realization
Paramahansa Yoganandan koottujen luentojen ja puheiden kolmas osa.

Wine of the Mystic:
The Rubaiyat of Omar Khayyam — A Spiritual Interpretation
Inspiroitu kommentaari, joka tuo päivänvaloon jumalayhteyden mystisen tieteen Rubaijatin arvoituksellisen kuvaston takaa.

Where There Is Light:
Insight and Inspiration for Meeting Life's Challenges
Innoitusta elämän haasteiden ymmärtävään kohtaamiseen.

Whispers from Eternity
Kokoelma Paramahansa Yoganandan rukouksia ja jumalallisia kokemuksia korkeissa meditaatiotiloissa.

The Science of Religion

The Yoga of the Bhagavad Gita:
An Introduction to India's Universal Science of God-Realization

The Yoga of Jesus:
Understanding the Hidden Teachings of the Gospels

In the Sanctuary of the Soul:
A Guide to Effective Prayer

Inner Peace:
How to Be Calmly Active and Actively Calm

To Be Victorious in Life

Why God Permits Evil and How to Rise Above It

Living Fearlessly:
Bringing Out Your Inner Soul Strength

How You Can Talk With God

Metaphysical Meditations
Yli kolmesataa hengellisesti kohottavaa meditaatiota, rukousta ja affirmaatiota.

Scientific Healing Affirmations
Paramahansa Yoganandan perusteellinen selostus vahvistavien parannuslauseiden tieteestä.

Sayings of Paramahansa Yogananda
Kokoelma Paramahansa Yoganandan lausumia ja viisaita neuvoja, hänen vilpittömiä ja rakastavia vastauksiaan niille, jotka tulivat hakemaan häneltä opastusta.

Songs of the Soul
Paramahansa Yoganandan mystistä runoutta.

The Law of Success
Selittää ne dynaamiset periaatteet, joita noudattamalla on mahdollista saavuttaa tavoitteensa elämässä.

Cosmic Chants
Kuudenkymmenen antaumuksellisen laulun sanat ja melodiat. Johdannossa Paramahansa Yogananda selittää, miten hengellinen laulu voi johtaa jumalayhteyteen.

PARAMAHANSA YOGANANDAN ÄÄNITTEITÄ

Beholding the One in All

The Great Light of God

Songs of My Heart

To Make Heaven on Earth

Removing All Sorrow and Suffering

Follow the Path of Christ, Krishna, and the Masters

Awake in the Cosmic Dream

Be a Smile Millionaire

One Life Versus Reincarnation

In the Glory of the Spirit

Self-Realization: The Inner and the Outer Path

MUITA SELF-REALIZATION FELLOWSHIP -JULKAISUJA

Täydellinen luettelo Self-Realization Fellowship -julkaisuista sekä ääni- ja videotallenteista on saatavana pyydettäessä.

Swami Sri Yukteswar:
The Holy Science

Sri Daya Mata:
Only Love:
Living the Spiritual Life in a Changing World

Sri Daya Mata:
Finding the Joy Within You:
Personal Counsel for God-Centered Living

Sri Gyanamata:
God Alone:
The Life and Letters of a Saint

Sananda Lal Ghosh:
"Mejda":
The Family and the Early Life of Paramahansa Yogananda

Self-Realization
(Paramahansa Yoganandan vuonna 1925 perustama, neljä kertaa vuodessa ilmestyvä lehti)

SELF-REALIZATION FELLOWSHIP -OPETUSKIRJEET

Paramahansa Yoganandan opettamia tieteellisiä meditaatiotekniikoita – *kriya*-jooga mukaan lukien – sekä ohjeita tasapainoisen hengellisen elämän kaikille alueille esitetään opetuskirjeissä, Self-Realization Fellowship Lessons. Tarkempaa tietoa löytyy ilmaiseksi saatavasta kirjasesta "Undreamed-of Possibilities", jota on englanniksi, espanjaksi ja saksaksi.

www.ingramcontent.com/pod-product-compliance
Lightning Source LLC
Chambersburg PA
CBHW031426040426
42444CB00006B/705